Volumen 1

Gramática rítmica

por Diego Marulanda
con música de Sara Jordan

Producido y editado
por
Sara Jordan Publishing

una división de

℗© ᴍᴄᴍxᴄᴠ Jordan Music Productions Inc.

(SOCAN)

ISBN 1 - 895523 - 62 - 1

Reconocimientos

Autor - Diego Marulanda

Productora y compositora - Sara Jordan

Cantantes - Diego Marulanda y Mary Paz Young

Ingeniero de grabación - Mark Shannon, Sound Image
                     Productions

Editores - Ramiro Puerta y Agustina Tocalli-Beller

Asesora pedagógica - Agustina Tocalli-Beller

Diseño y arte - Campbell Creative Services

Ilustraciones - Glen Wyand

Presentación gráfica - Darryl Taylor

Agradecemos especialmente a Mark Shannon por su invaluable ayuda con los arreglos musicales.

Grabación y mezcla - Sound Image Productions
                             Toronto, Ontario

Para mayor información contáctenos:

Jordan Music Productions Inc.
M.P.O. Box 490
Niagara Falls, NY
U.S.A. 14302-0490

Jordan Music Productions Inc.
Station M, Box 160
Toronto, Ontario
Canada, M6S 4T3

www.Aprendecantando.com
sjordan@sara-jordan.com

Teléfono 905-937-9000

Esperamos que los estudiantes de todo
el mundo se diviertan y aprendan
con *Gramática rítmica*.

Índice

Sugerencias para profesores

y padres

*E*stas canciones son sobre las reglas de gramática española. Constituyen una excelente introducción a los nombres/ sustantivos, los pronombres, los adjetivos, los adverbios, los verbos y su conjugación, la puntución y la estructura de la oración.

La mayoría de los profesores coinciden que uno de los problemas que afronta nuestra juventud es la falta de interés por la lectura. Ésta expone a los estudiantes a la estructura y estilo del lenguage escrito. En una sociedad continuamente bombardeada por la televisión, los videos y los juegos electrónicos, *Gramática rítmica vol. 1* nos acerca al uso correcto de la gramática española a través de canciones pegadizas y melodías inolvidables.

Las pistas instrumentales permitirán a los estudiantes realizar presentaciones al estilo "karaoke" y/o también componer y presentar sus propias letras. Los profesores podrán utilizar las canciones en las presentaciones escolares para los padres y familiares. Seguramente todos los estudiantes, independientemente de su nivel y capacidad, se entusiasmarán con estas canciones y se interesarán más por aprender el idioma.

Gramática rítmica vol. 1 es una herramienta pedagógica muy útil para establecer una base inicial sólida así como también para reforzar los conocimientos gramaticales básicos de los estudiantes de todos los niveles.

Modos de usar *Gramática rítmica vol.1:*

Con estudiantes principiantes:

- Ⓥ Mejore el nivel y habilidad de lectura de los estudiantes pidiéndoles que canten sin la ayuda de los cantantes, es decir, que lean las letras al ritmo de las pistas instrumentales.

- Ⓥ Para trabajos prácticos: divida la clase en diferentes grupos. Haga que cada grupo recorte una tarjeta rectangular de papel de color, asignándole un color a los nombres, un color diferente para los verbos, otro color para adjetivos, etc. Cada color representa un aspecto de la gramática. Haga que cada grupo escriba su propio ejercicio de gramática en las tarjetas.

Con estudiantes avanzados:

- Ⓥ Después de cantar las canciones, haga que los estudiantes se sienten a escuchar con audífonos las canciones. Ellos podrán practicar los ejercicios de escritura e inclusive podrán coreografear sus propias canciones y enseñárselas a los demás estudiantes de la escuela.

- Ⓥ Las actividades permiten a los profesores y padres reforzar los conceptos aprendidos en las canciones, escribiendo ejercicios y repasando todo lo que han aprendido en una canción específica.

- Ⓥ Visítenos en www.Aprendecantando.com para conocer a estudiantes de otras partes del mundo. Participe de nuestros concursos y actividades y envíenos un mensaje dejándonos saber qué le pareció *Gramática rítmica*.

Gramática rítmica

Gra... Gra... Gra... Gra... Gramática
Gra... Gra... Gra... Gra... Gramática

coro 2x:

Canta esta canción
que así aprenderás mejor
gramática en español.
¡Y muévete!

GRAMÁTICA RÍTMICA

La gramática es muy buena
para el uso del idioma.
Si la usas al derecho
con sus puntos y sus comas.

¡Vamos, vamos!
Arriésgate y explora.
Enriquece tu saber
sin más, sin más demora.

coro 2x:

Nombres, pronombres,
adverbios y adjetivos;
los verbos con sus tiempos,
puntuación y sustantivos*.

Con estas reglas juntas,
tan sabias como el sol,
estamos comenzando
a cantar en español.

coro 2x:

*sustantivos = nombres

Los nombres*

coro:

*Un nombre puede ser
persona, animal o cosa,
persona, animal o cosa,
persona, animal o cosa.*

*Todos los nombres son,
son muy divertidos.
El común es general,
el propio, específico.*

Los nombres
comunes son cosas
como la mesa
o el banquillo.

Los nombres
comunes son cosas
como el tambor
y el platillo.

Ven, cantemos juntos
con Pablito y con Rosa.
Nombremos las personas,
los animales, las cosas.

*sustantivos = nombres

La persona es común
como el piloto o tu amigo.
Común también es el sitio,
como la escuela y el parquecito.

coro:

El nombre propio
específico es:
personas, sitios, cosas,
así como lo ves.

Siempre comienzan
con letra mayúscula.
Hagamos una lista.
No olvides la mayúscula.

El nombre propio es
Julio y Marta.
El nombre propio es
China y Francia.

Los nombres, los nombres
siempre los encontramos
en párrafos y frases
que a diario escuchamos.

coro:

Ejercicio

Crucigrama - Los nombres comunes

¿Vas a viajar? He aquí algunas cosas que deberás empacar. Son nombres comunes.

Horizontales:

2 4 5 7

8

Lista de cosas:	
camiseta	medias
cepillo	pantalones
champú	pijama
gorro	zapatos
jabón	

Verticales:

1  2 3

6

Ejercicio

Crucigrama - Los nombres propios

Los nombres de sitios, ciudades y paises son nombres propios. Siempre se escriben con mayúscula. Para hacer este crucigrama necesitas saber algunas ciudades capitales. ¡Usa tu atlas!

Verticales

1) _____, Ecuador

2) La _____, Cuba

3) _____, Venezuela

4) San ____, Costa Rica

7) _____, Perú

Horizontales

5) _____, Chile

6) La _____, Bolivia

8) _____, España

Gramática rítmica   ©MCMXCV Sara Jordan Publishing

El género

El género sirve para indicar el sexo. Las terminaciones que se utilizan para formar el femenino son: -a, -esa, -isa, -ina, -triz.

Ejemplos:

abuelo	abuela
conde	condesa
poeta	poetisa
héroe	heroina
actor	actriz

Algunos nombres forman sus femeninos con palabras distintas:

padre	madre
padrino	madrina
yerno	nuera
hombre	mujer
caballo	yegua
toro	vaca
varón	hembra

Los pronombres

coro 2x:

Llegaron, llegaron, llegaron
¡los pronombres!
¡Pronombres, pronombres!
¡Ja, Ja, Ja!

Los pronombres reemplanzan a los nombres.
Tenemos cinco clases de pronombres:
Personales, demostrativos,
posesivos, relativos e indeterminados*.

coro 2x:

---

*Los pronombres indeterminados también se conocen como
indefinidos (ver página 18)

Si el pronombre reemplaza a la persona
se llama **personal**.
Aprendamos algunos
al tiempo de cantar:
Yo, tú, él, ella, usted, nosotros,
 ustedes, ellos, ellas.

coro 2x:

Si es pertenencia se llama **posesivo**.
Veamos algunos en este verso mío.
Mi lapiz .... Es mío.
Tu carro ..... Es tuyo.

coro 2x:

Para señalar está el **demostrativo**.
Veamos cantando los demostrativos:
Éste, ésta, ésto, éstos, éso, ésos, ése, ésa, ésas,
Aquél, aquéllo, aquélla, aquéllos, aquéllas.

coro 2x:

Los pronombres relativos

Introducen una idea que tiene relación con lo dicho anteriormente. El pronombre relativo más comun es **que**. Éste se refiere tanto a cosas como personas:

La persona **que** llamó no dejó mensaje.

Los zapatos **que** quiero comprar son marrones.

Los pronombres indefinidos*

Pueden expresar cantidad, diversidad, igualdad, cualidad, distribución, etc.

Aquí hay algunos ejemplos: **algo, poco, mucho, bastante, demasiado, nada, igual, algún, uno, nadie, alguien,** etc.

*También se conocen como indeterminados

Ejercicios

Los pronombres

Completa los espacios con pronombres personales.

Marta se fue a Paris. _____ se fue a Paris.

José y *Pedro* están cantando. _____ están cantando.

Completa los espacios con pronombres posesivos.

Yo tengo un reloj.
El reloj es _____.

Mi *papá* y *mamá* compraron un carro nuevo.
El carro es _____.

Completa los espacios en las preguntas con pronombres interrogativos y contesta completando los espacios con pronombres demonstrativos.

¿_____ silla?

_____ silla.

¿_____ libros?

_____ libros.

El verbo

coro 2x:

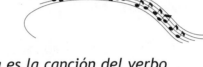

¡Jey, jey! Ésta es la canción del verbo
que vamos a cantar.
El verbo es de un pensamiento
la palabra central.

El verbo nos expresa
escencia y pasión.
El verbo nos expresa
existencia, estado o acción.

Del verbo en infinitivo
te queremos contar.
Son esos que terminan
en -ir, -er o -ar.

Leer, llover, llamar, cantar,
vivir, medir, salir, decir,
correr, volver, poder, tener,
armar, lanzar, andar, llevar.

> El infinitivo de los verbos regulares termina en **-ar**, **-er** o **-ir**.
> Me gusta **cantar** estas canciones.
> Vamos a **aprender** los verbos y su conjugación.
> ¡Nos vamos a **divertir**!

coro 2x:

Vamos a hablar ahora
de los modos del verbo.
Es uno de los accidentes
que tienen los verbos.

Expresa independencia
el modo indicativo.
· Te lo explico con ejemplos
del modo indicativo.

¡Tiempo presente del modo indicativo!
Yo nado.
Tu comes.
El salta.

coro 2x:

Ahora prosigamos
con el subjuntivo.
Es el verbo que depende
de otro verbo, amigo.

Deseo que nades.
Quiero que corras.
Hazlo que coma.
Quiero que aprendas.

coro 2x:

Ejercicio

Conjuga los siguientes verbos regulares

	HABL**AR**	COM**ER**	VIV**IR**
Yo			
Tú			
Él/Ella			
Nosotros/ Nosotras			
Vosotros/ Vosotras			
Ustedes/ Ellos/Ellas			

Los adverbios

coro 2x:

Adverbios, adverbios,
adverbios. ¡Qué buenos!
Éstos describen
los verbos, los verbos.

Del cuándo, del cómo
y el dónde del verbo
nos dice el adverbio.
Nos dice el adverbio.

¿CÓMO?

La niña está muy feliz.
Su papá le compró un cono.
<u>Feliz</u> es el adverbio,
pues me está indicando cómo.

coro:

Pablo se va mañana.
Se va mañana cantando.
<u>Mañana</u> es un adverbio
que me está diciendo cuándo.

coro:

El sábado al medio día,
te espero allá donde el conde
<u>Allá</u> es el adverbio que me
está indicando dónde.

coro:

Ejercicios

Adverbios de modo

Son aquellos que contestan a la pregunta ¿cómo? Es decir, explican la manera en que se realiza la acción. La mayoría de los adverbios se forman agregándole **–mente** al adjectivo femenino singular.

natural   →   naturalmente

veloz   →   velozmente

lento → lenta → lentamente

perfecto→ perfecta→ perfectamente

Si el adjectivo lleva acento, el adverbio lo conserva.

fácil → → → fácilmente

rápido → rápida → rápidamente

Contesta las siguiente preguntas con adverbios de modo.

1) ¿Cómo camina la tortuga?

_____

2) ¿Cómo corren los atletas?

_____

3) ¿Cómo hablas Español?

_____

Gramática rítmica   ©MCMXCV Sara Jordan Publishing

La oración

coro:

Cantemos una canción
a la oración.
Para oraciones completas
cantemos una canción.

El fragmento no es completo
nos deja esperando más.
Hay oraciones que son
muy largas de verdad.

Una frase completa tiene dos partes
¿Lo sabías? ¿Lo sabías?
¡El sujeto! ¡El predicado!
Como la noche y el día.

El sujeto nos dice ¿quién? o ¿qué ?
y el predicado, la acción.
El sujeto y el predicado
dan color a la oración.

coro:

Un fragmento es incompleto.
Sólo es parte de una idea.
Siempre hay algo que allí falta
y me duele la cabeza.

Sabremos lo que nos falta
si miramos con cuidado.
Para la oración completa,
el sujeto y el predicado.

coro:

Una oración que es muy larga
parece no terminar.
Se vuelve muy aburrida,
aburrida de verdad.

Pero si la dividimos
en dos oraciones pequeñas,
con el sujeto y el predicado,
dos oraciones completas.

coro:

Los adjetivos

coro 2x:

Con el adjetivo,
con el adjetivo,
con el adjetivo,
podemos describir.

Con el adjetivo
describimos el nombre.
Decimos cómo es,
o cuántos del nombre.

Adjetivos pueden ser
calificativos.
Adjetivos pueden ser
numeral y **gentilicio**.

coro 2x:

¡Calificativo!
     La niña es **inteligente**.
¡Calificativo!
     La mesa está muy **sucia**.
¡Calificativo!
     El joven es **valiente**.
¡Calificativos son!

coro 2x:

¡Numerales!
Cinco naranjas.
¡Numerales!
Cuarto lugar.
¡Numerales!
Décima quinta vuelta.
¡Numerales son!

coro 2x:

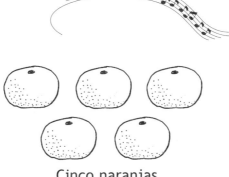

Cinco naranjas

Los adjetivos

Los adjetivos que derivan de los nombres de paises se llaman adjetivos gentilicios o nacionales.

Estudia éstos:

- *China - chino*
- *Colombia - colombiano*
- *Canadá - canadiense*
- *Italia - italiano*
- *Egipto - egipcio*

Derivados de religiones:

- católico, protestante, cristiano, judío.
  musulmán, hindú, luterano.

Pronombres adjetivos:

Muchos pronombres pueden usarse como adjetivos. Estudia estos pronombres posesivos empleados como adjetivos.

- Nuestra casa, mi guitarra, tu sombrero, su novia.

Gramática rítmica   ©MCMXCV Sara Jordan Publishing

Ejercicios

Escribe cuatro oraciones empleando adjetivos calificativos.

1.
2.
3.
4.

Escribe tres oraciones con adjetivos numerales.

1.
2.
3.

Los tiempos

coro:

Los tiempos del verbo,
  los tiempos del verbo,
se llaman conjugación.
Presente, pasado y futuro,
cada uno indica acción.

¡El presente es! ¡El pasado fue!
¡El futuro será!
¡Presente, pasado y futuro
cantando aprenderás!

El presente nos indica
la acción que está pasando.
En este mismo momento
que lo estamos conjugando.

Yo soy, tú eres,
él es, ella es.
Nosotros somos,
ustedes son, ellos son.

coro:

El pasado nos indica
esa acción que sucedió.
El pasado nos indica
lo de ayer, lo anterior.

Yo fui, tú fuiste,
él fue, ella fue.
Nosotros fuimos,
ustedes fueron,
ellos fueron.

coro:

El futuro nos indica
la acción que va a suceder.
¡El futuro es el futuro!
No es ahora ni es ayer.

Yo seré, tú serás,
él será, ella será.
Nosotros seremos, ustedes serán,
ellos serán.

coro:

Ejercicios

Conjugación

Completa las siguientes oraciones.

Tiempo presente

1) Yo _____ alto.

2) Tú _____ un buen cantate.

3) Él _____ un buen artista.

4) Ella _____ muy atractiva.

5) Nosotros _____ valientes.

6) Ustedes _____ cobardes.

7) Ellos _____ muchos.

 Gramática rítmica   ©MCMXCV Sara Jordan Publishing

Tiempo pasado

1)   Yo _____ un soldado.

2)   Usted _____ mi profesor el año pasado.

3)   Nosotros _____ a nadar al río.

Tiempo futuro

1)   Yo _____ pintor algún día.

2)   Usted _____ mi profesor el año próximo.

3)   Ellos _____ los campeones del torneo la próxima semana.

Las preposiciones y la interrogación

coro 2x:

*En esta canción
hay algo especial.
Dos cosas distintas
te voy a enseñar.*

*Las preposiciones.
Cómo preguntar
en esta canción.
¡Jey, jey!*

Las preposiciones
tienen la función
de relacionar los vocablos
dentro de la oración.

Por, para, con, de,
sin, a, entre, desde,
hacia, sobre, bajo, en.

coro 2x:

Aprendamos ahora
de la interrogación.
Lo más simple, lo más fácil
es cambiar la entonación.

El pájaro canta bonito.
¿El pájaro canta bonito?
Mi papá está descansando.
¿Mi papá está descansando?

coro 2x:

El sujeto con el verbo
podemos invertir.
No es tan complicado.
Nos vamos a divertir.

El avión esta volando.
¿Está volando el avión?
La música está buena.
¿Está buena la música?

coro 2x:

Gramática rítmica ©MCMXCV Sara Jordan Publishing

Ejercicios

Las preposiciones y la interrogación

Completa las oraciones con una preposición.

1) Compré flores _____ María.

2) Te llama tu amigo _____ Argentina.

3) No iremos solos. Vamos _____ el profesor.

4) Estoy enfermo. Estaré _____ cama _____ tres días.

5) El gato está _____ la cama.

Escribe cinco oraciones interrogativas.

1) Mi mamá está cocinando.

_____

2) Los negocios están cerrados.

_____

3) Los estudiantes viajarán a España.

_____

4) Hace mucho frío.

_____

5) Pedro es muy inteligente.

_____

La puntuación

coro:

¡La puntuación!   ¡Jey! ¡Jey!
¡La puntuación!   ¡Jey!
Si usamos la puntuación,
todas las ideas se verán mejor. ¡Jey!

Puntuación con punto
al terminar una idea.
Para pausar la oración
este signo de puntuación.

Hay punto seguido
para pausar la oración
si la siguiente que escribes
tiene alguna relación.

    Gramática rítmica   ©MCMXCV Sara Jordan Publishing

coro:

Usas tu
signo de interrogación
para hacer una pregunta.
¿Dime sí o no?

Este signo   ¿........?
es muy importante
al principio y al final
de la pregunta que haces.

coro:

Ahora en esta estrofa
el signo de exclamación ¡......!
que también lo conocemos
como signo de admiración.

Para señalar deseo.
Lo mismo para afirmar.
También para anunciar algo
como para incomodar.

coro:

La puntuación con la coma ....,
organiza las ideas,
números, listas y frases,
direcciones, también fechas.

Cuando tú tengas una lista
de lluvia, viento, frío, y calor.
No te olvides de las comas
que así se verá mejor.

coro:

Ejercicios

La puntuación

Escribe los signos de puntuación que correspondan.

_ Levántate ya _

_ Qué hora es _

_ Cuántos días tiene una semana _

Domingo _ lunes _ martes _ miércoles _ jueves y
viernes _

Mi amigo _ que vive en Puerto Rico _ se llama
Nestor _ Su esposa _ Elenita _ será madre
nuevamente _

_ Qué alegría _

Pregunte a su distribuidor sobre otros de los excelentes productos de Sara Jordan

Bilingual Songs Volumens 1 y 2

Una excelente manera de divertise mientras se adquiere un segundo idioma. El volumen 1 enseña el alfabeto, a contar hasta diez, los días de la semana, los meses del año y los colores. También enseña sobre las comidas, los animales del zoológico, las partes del cuerpo, la ropa y los miembros de la familia. El volumen 2 enseña a contar hasta 30 y por decenas y también enseña sobre las formas geométricas, las emociones, la comunidad, el campo, los instrumentos de medición y los opuestos/antónimos. Ambos volúmenes incluyen el cancionero y actividades que pueden ser reproducidas.
INGLÉS - ESPAÑOL y INGLÉS - FRANCÉS

Español para principiantes Volumen 1

A través de canciones dinámicas, este cassette/CD enseña el alfabeto, los numeros, las partes del cuerpo, los miembros de la familia, los colores, las formas, las frutas y mucho más. Es muy adecuado para el aprendizaje del vocabulario básico de estudiantes de todas las edades. Se puede obtener con el cancionero cuadernillo de actividades.
EN ESPAÑOL, INGLÉS y FRANCÉS

Canciones temáticas para aprender idiomas Volumen 1

Las canciones temáticas para el nivel introductorio enseñan las expresiones comunes, las medios de transporte, la ropa, las comidas, el clima, las partes del cuerpo, las mascotas y las partes de la casa. El cancionero incluye actividades. Las pistas instrumentales al final de la grabación, pueden ser usadas para presentaciones estilo "karaoke".
EN ESPAÑOL, INGLÉS y FRANCÉS

Fonética funky™ ...y algo más Volumen 1

Este volumen es una fantástica introducción a la lectura usando los métodos de aprendizaje fónico y global. Además de las letras de las canciones, incluye sugerencias útiles para padres y educadores. Los temas cubiertos incluyen el alfabeto, las vocales, las consonantes, la hora, los días de la semana, las estaciones del año, el medio ambiente, entre otros.
EN ESPAÑOL, INGLÉS y FRANCÉS

Gramática rítmica™ Volumen 1

Diez canciones que enseñan diferentes elementos del idioma, las estructuras de la oración, la formación de preguntas y la conjugación de verbos en sus tiempos simples. El cancionero también incluye actividades y crucigramas que pueden ser reproducidos. Al final de la grabación se incluyen pistas instrumentales que permiten a los estudiantes crear su propia letra o hacer presentaciones musicales.
EN ESPAÑOL, INGLÉS y FRANCÉS

Conjugación en canciones Volumen 1

Canciones entretenidas que enseñan la conjugación de los verbos básicos en los tiempos presente, pasado y futuro, incluyendo los verbos irregulares. El cancionero también incluye ejercicios y actividades que pueden ser reproducidos por el (la) profesor(a).
EN ESPAÑOL, y FRANCÉS

The Presidents' Rap®

Las leyendas de los presidentes americanos se mantienen vivas al ritmo de diferentes melodías: Rap, Clásico, Swing, Dixie y Pop. Un tesoro musical de información sobre cada presidente. Ideal para montar presentaciones musicales con sus alumnos.
EN INGLÉS

Healthy Habits™

Canciones y actividades dinámicas para niños del nivel preescolar al 3er grado. Enseñan sobre la nutrición, la pirámide de los alimentos, la anatomía humana, la higiene dental, el cuidado personal y la prevención de los incendios. Incluye pistas instrumentales para ser utilizadas en presentaciones musicales con los estudiantes. EN INGLÉS

Celebrate the Human Race™

***Ganador Del Premio Directors' Choice ***
Conozca las siete maravillas naturales del mundo y los niños que viven en esos lugares. La música es representativa de cada país o lugar que se estudia. El cuaderno de actividades incluye trajes típicos de cada país y muñecos de papel para vestir.
EN INGLÉS

Lullabies Around the World ™

Canciones de cuna tradicionales cantadas en su idioma original. Incluye la traducción al inglés, actividades multiculturales y las pistas instrumentales para ser utilizadas en presentaciones musicales con los estudiantes.
EN 11 IDIOMAS DIFERENTES

The Math Unplugged ™ Series

Canciones sobre las operaciones matemáticas tales como la adición, la substracción, la multiplicación y la división. Estas canciones rítmicas enseñan las matemáticas básicas. Los ejercicios musicales son repetitivos y divertidos. Un gran volumen que incluye un libro con la letra de las canciones y algunos ejercicios que pueden ser reproducidos.
EN INGLÉS

Celebrate Seasons

Una encantadora colección de canciones y actividades sobre el otoño, la caída de las hojas, la migración e hibernación. Los animales y su preparación para el invierno y la primavera. Las flores, la polinización, los solsticios y los equinoccios. También muestra las diferencias en las estaciones del año según la región del mundo. El cancionero incluye además ejercicios y actividades que pueden ser reproducidas por el (la) profesor(a). Las pistas instrumentales permiten realizar presentaciones musicales con los alumnos. EN INGLÉS

Celebrate Holidays

Una colección de canciones y actividades que enseñan sobre las fiestas de Brujas, de Acción de Gracias, Chanukan, la Navidad, el Año Nuevo, el día de San Valentín, el día de San Patricio y las Pascuas. Contiene más de doce hojas con actividades. Las pistas instrumentales permiten realizar presentaciones musicales con los alumnos, permitiéndoles a éstos desarrollar sus habilidades en el lenguaje mientras se divierten actuando.
EN INGLÉS

Para obtener información sobre un distribuidor más cercano, por favor contactarse con Sara Jordan.

905-937-9000

www.Aprendecantando.com

sjordan@sara-jordan.com